KAVYA CHANDRIKA

ANIKET BHATTACHARYA

Copyright © Aniket Bhattacharya
All Rights Reserved.

This book has been published with all efforts taken to make the material error-free after the consent of the author. However, the author and the publisher do not assume and hereby disclaim any liability to any party for any loss, damage, or disruption caused by errors or omissions, whether such errors or omissions result from negligence, accident, or any other cause.

While every effort has been made to avoid any mistake or omission, this publication is being sold on the condition and understanding that neither the author nor the publishers or printers would be liable in any manner to any person by reason of any mistake or omission in this publication or for any action taken or omitted to be taken or advice rendered or accepted on the basis of this work. For any defect in printing or binding the publishers will be liable only to replace the defective copy by another copy of this work then available.

समर्पण

इस काव्य संग्रह के रूप में अपने उन सरे अनुभवो को
शामलि कयिा है जो मैंने अपनी जीवन यात्रा के एक
सूक्ष्म खंड से चुने थे। यह खंड है मेरी उस यात्रा का
जसिमें मैंने अपने आपको समर्पति कयिा भारत वर्ष को
समझने में, उसकी सभ्यताओं से जुड़े तथ्यो से वाकफि
होने में, भन्नि वचिारो में एकता का सूत्र पहचानने में
और अंत में भारत भूमि के भवष्यि की एक हलकी और
धुँधली छवि को प्राप्त करने में। यात्रा बड़ी ही
साधारण रही, असाधारण और नयी तो अनुभूतयिा होती
है जो मानव प्राप्त करता है, तभी तो सब संत - साधु
बोल गए के सम्राट से भी बड़ा भाग्य यात्री का होता है
|

इसलिए मैं समझता हूँ अब व्यर्थ है ये बताना के मैंने इस
संग्रह को अपने कसिी प्रयि मानव को नहीं बल्कि मेरे
पूरे भारत को समर्पति कयिा है।

जय काल शक्ति

Contents

Contents

1. दर्शन शास्त्र

ध्यान

होती यदि प्राप्ति प्रबोधन की,

भिन्न बही रात्रि-दिनि पाठन से,

तो अनपढ़ कबीर कभी संत न होता,

था ज्ञानी स्वतंत्र हर साधन सो

पध्दति साधना मार्ग चुने जो, योग,

ज्ञान, भक्ति व कर्म अखंड,

तब स्थिति तितिक्षा प्राप्त करे वो,

धरे केशकंबली ऋतु कोई प्रचंड।

बोझिल बने मार्ग ये आरम्भ में,

रोचक बने जब ले ध्यान जनम,

हो दहे नियंत्रित चेतना से जब,

भंग हो तब जीव होने का भ्रम।

जड़ कारण बंधन अज्ञान का हो,

यह जान दशा जब नर बदले,

ब्रह्म मैं ही जान तब मोक्ष प्राप्ति हो,

शव-आत्मा रोध का हमि पघिलो।

-अनकिंत भट्टाचार्य

कर्म सिद्धांत

इक बार भयंकर स्वप्न देखे,

भयभीत हुए जब नेत्र खुले,

सोचें विस्मित क्या चेतन जो,

जग-भौतिकि का अद्भुत प्रपंच रचे।

क्या सब ईश्वर के स्वप्न जगत में,

विचार तंत्र के सूक्ष्म किस्से हैं,

या लुप्त हो देह संग चेतना जो,

बस माटी व राख के हिस्से हैं।

कोई माने है सीमा मन की,

भौतिकि पार कभी न जाए है,

कोई जाने है यह निर्गुण मन,

लीन ईश्वर में हो जाए है।

विचार भिन्न पर सत्य एक जो,

सिद्धांत कर्म कहलाए है,

विश्राम स्थल हो या पूर्ण अंत हो,

सत्कर्म ही सत कहलाए हौ

-अनकिते भट्टाचार्य

स्वधर्म

वीर महारथी भीष्म द्रोण संग,

सौ अंध कुल के प्रतीक खड़े,

वही उसी पार तले हनु ध्वजा के,

प्रभु रथ सवार हैं पार्थ खड़े|

कयि धार शस्त्र जब परजिन देखे,

कल कल नयन तब नीर बहे,

मुक्ति दे कान्हा सुदर्शन से तू

छोड़ गांडीव यह पार्थ कहे|

अब काल था काल के थमने का,

सत वचन सुन रण यह करने का|

महा काव्य का यह दवि खंड तो यूँ

कहे निष्काम कर्म रे पार्थ तू कर,

पर जानू अवश्य मैं कर्म उन चरति के,

परिणाम जनिके मलिा गीता का फल|

बस इक बार रे पढ़ इस दिव्य ज्ञान को,

अपनी सहज किसी भाषा में,

रख ताक में फिर इस पुस्तक को तू

बैठ व्यर्थ न अर्थ की आशा में।

पल अगर स्वयं ही हर घटना,

इस काव्य का स्मरण कराएगी,

हो हर अनुभव इक नव रचना,

सत स्वधर्म प्राप्ति ही लाएगी।

अनुभव अनुपम दे प्राण वायु हर,

क्षण भंगुर जो ये बसेरा है,

लिए ध्वज स्वधर्म जब खड़ा हो हर नर,

तब क्या तेरा क्या मेरा है।

अब मानवता ही यथेष्ट नहीं,

सत जीवन यापन करने को,

कर्ता निस्वार्थ जब ग्रह का नर,

तब संपूर्ण अमल उपदेश ये हो |

-अनकित भट्टाचार्य

वेदव्यास

चरति प्रथम अवतार का जो,

नैतिकता-पाठ पढ़ाता है,

वहीं ज्ञान सत-पुरुषार्थ का तो,

जीवन यथार्थ समझाता है।

फरि मनुज ग्रन्थ महाकाव्य क्यों,

वास स्थान रखने से डरता है,

प्रचार असत जो कहे न पढ़ तू,

चरति सत रण क्षमता हरता है।

लागे है चरति उन मूरखों का,

कुरु दुर्योधन सा मति मंद रहे,

संगत ईश्वर की त्याग करिये जो,

सेना नारायणी चयन करो।

पाठन सहस्त्र इन श्लोकों का,

यदि तुझे अत्यधिक लगता है,

तो पढ़ बस सार-रत्न गीता का,

जो महाकाव्य अलंकृत करता हो।

पैगंबर कोई न हुआ सृष्टि में,

जो वाणी ईश्वर का यूँ लेखन करे,

वेदव्यास तुम धन्य रहो जो,

इस स्मृति स्वधर्म पर धर्म पलो।

-अनकित भट्टाचार्य

दिव्य सूत्र

रिपु नहीं कोई है और तेरा,

रजो तमस ही तेरे शत्रु हैं,

सत चित बन अहम् का त्याग तू कर,

यह अहम् नहीं यह अश्रु हैं।

अब स्मरण कर अपनी ग्रंथों का,

अनंत संतो के मन्त्रों का,

इस जीवन रुपी माला में,

जो माया रुपी मोती हैं,

सत है तो बस वह दिव्य सूत,

माला का भार जो ढोते हैं।

मांगें हर उत्तर यदि इन्द्रियों से तो,

क्या खाक विवेक को पाएंगे,

नवचेतन मन इस सूत को अब,

अदृश्य से दृश्य बनाएंगे।

यह माया के मोती नहीं,

परिचय हैं तेरी माला का,

जब सूत बने इसका परिचय,

तभी अस्तित्व है अन्तः ज्वाला का |

-अनिकेत भट्टाचार्य

चेतना

नयन की हर बूँद अपनी एक व्यथा सुनाती है,

पर धन्य है वह चेतना जो इन बूँदिओं को एक जुट धारा बनाती है।

चल पड़ मानव इस धारा में,

नाविक यह तेरी माया है,

यदि साध सके तू इस नाविक को,

तो संपूर्ण गगन तेरी छाया है।

रण करना है तो उससे कर,

वध करना है तो उसका कर।

जो तेरे सत का वैरी है,

जिसकी हुंकार न गहरी है।

वह वैरी ज्ञान अभाव है,

दुःख देना जिसका स्वभाव है।

आ थाम ले हाथ विधाता का,

निष्काम कर्मयोग दाता का,

जसिका सदन अब मुझमें है,

जसिका नविास अब तुझमें है।

यदनि माने इस शक्ति को,

तो न नमि्न तेरी श्रेणी है,

वह है सागर असीम करुणा का,

वह नसि्वार्थ शाश्वत प्रेमी है।

-अनकित भट्टाचार्य

युग

चल सखा युगों का ध्यान करें,

इस चक्र का अदभुत ज्ञान करें।

आरम्भ करूँ मैं उस युग से,

जब ब्रह्म ज्ञानी हर प्राणी था,

योगी हर मानव रहता था तब,

नरिर्थ शब्द जब ग्लानि था।

फरि चेतना में पतन हुआ,

त्रेता का तब आगमन हुआ,

मानव उस युग का भी उत्तम था,

प्रभु राम सा पुरुषोत्तम था।

संग रावण ने भी प्रवेश किया,

तब भी साधक का वेश लिया।

युग कली या त्रेता कोई भी हो,

हर काल अधर्मी कोई भी हो,

हर युग में अटल जो रहता है,

युग धर्म जिसे तू कहता है,

वह धर्म ही तेरा रक्षक है,

हर काल अधर्मी ही तक्षक है।

आगामी युग बड़ी विपदा का,

विकसित अधर्म की सम्पदा का,

इस द्वापर जिसके समापन में,

युग पुरुष ने गीता ज्ञान दिया,

धन्य वे साधु कलयुग के,

प्रभु वचन पर जो वेदांत दिया।

यह वेद कलकि के स्तम्भ बने,

जन सिद्धार्थ से तब गौतम बने,

अलग न मोहम्मद ईसा थे,

सत स्वधर्म वचन उसी गीता के,

फिर पुनः चेतन उत्थान हुआ,

नव युग का फिर निर्माण हुआ।

अब देख तू महिमा अद्य काल की,

बढ़ते चेतन द्वापर कमाल की,

द्वापर का तू ही कर्ता है,

अणु ज्ञान प्रमाणित करता है।

प्रकाश प्रकृति दोहरी है,

इस युग की पहेली गहरी है,

जब जानेगा तू इस रहस्य को,

तब नव मार्ग तेरा सुलझेगा,

यदि व्यर्थ रहे फल चिंतन कर तो,

सदा ही दुःख में उलझेगा।

उन्नत त्रेता रे तुझको तब,

पुनः पुरुषोत्तम बनाएगा,

अखंड ज्ञान ज्योति होगी,

हर गुण प्रस्थान कराएगा।

ऊर्जा बदल जब नपिण होगा,

तब लुप्त भला क्या गुण होगा,

तब सत ज्ञानी वापस आएंगे,

कण कण को दव्यि बनाएगँे |

हे शक्ति करूँ मैं नमन तुझे,

जो सारी सृष्टि चलाती है,

हे भक्ति करूँ मैं नमन तुझे,

जो इस शक्ति से मिलवाती है |

-अनकिंत भट्टाचार्य

मंथन

देव और दैत्य दोनों ही,

रण कर-कर वैकुण्ठ धाम गए,

आश्चर्य है अंत में दोनों ही,

एक ही गंतव्य स्थान गए |

"दिव्य अमरत्व की भिक्षा,

परम समाधि की इच्छा"

विधि जान अमरत्व प्राप्ति की,

दोनों ही अत्यंत चकित हुए,

दानव और देव फिर प्रभु समीप,

विनती करने उस युक्ति गए |

कैसे करें समाज मंथन,

बिना किसी भी नींव रहे,

बन नींव अवतरित हुए प्रभु,

कूर्म प्रमाण प्रतीक बने |

भव्य मथन का प्रारम्भ हुआ,

प्रथम आत्मज्ञान आरम्भ हुआ,

अमृत से पहले विष पिघला,

समस्त अधर्म का रस निकिला |

अमृत प्राप्ति अब हो न हो,

पहले भयानक विष से बचो,

भूल शत्रुता अब दोनों ही,

बस शिव का नाम अखण्ड भजो |

क्रूर समाज का विष पीने,

योगी महेश अवतरित हुए,

विष धारा पी तब नीलकंठ,

सदा शिव भोले अमर बने |

जय जय कर प्रभु सम्मान हुआ,

पुनः मथन प्रस्थान हुआ |

शुद्ध चेतना धारण करने की,

अब घड़ी ये मंगल आयी थी,

उपलब्धि अब इस मंथन की,

अमृत कलश संग लायी थी |

सत कर्मों को भर अमृत दूँ

दैत्यों को कैसे बचाऊंगा,

दुष्कर्मों को अमर करके,

अपने से न दूर ले जाऊंगा |

भला ग्रन्थ काव्य व लोभ लाभ,

प्रभु से बेहतर कोई जाने है,

दे रस असत मोहनी दानव को,

यह मूरख तो काम दीवाने है |

अब अमर रहे हर देव वंश,

मानव है तू ही देव अंश,

हर क्षण प्रयास कर देव तू बन,

यह दैत्य करे बस फल क्रंदन |

संग मेरे अब तू कर ये वचन,

अब लाए क्षण में सत परिवर्तन।

-अंकित भट्टाचार्य

प्रभु

देह प्रभु कभी अब धार न करना,

इस युग में अब अवतार न करना,

अब मनुज स्वयं ही सक्षम हैं,

हर ज्ञान सकल ही उत्तम है।

जब-जब तूने अवतार लिया,

मूरख ने तुझे आकार दिया।

जा पूछ तू मूरख उससे अब,

जिसने ईश्वर को देखा है,

वर्णन लिखि थक जाएगा वो,

पृष्ठ समय की सीमित रेखा है।

मूरत के जो न उपासक हैं,

मूरख वह भी अति घातक हैं,

भिन्न भक्त को काफिर नाम दे जो,

वह भी अज्ञान के स्नातक हैं।

मैं मानूँ बस उस शक्ति को,

जो मेरी भक्ति चलाती है,

मैं मानूँ बस उस भक्ति को,

जो जग उत्थान कराती है।

-अनंकित भट्टाचार्य

2. इतिहास

ईश्वर

सोचूँ प्रजाति मानव ही क्यों,

धरती पर सर्वदा श्रेष्ठ रहे,

क्या नर-वानर में अंतर जो,

पद मानव सर्वदा श्रेष्ठ रहे।

बीहड़ टापू यदि निर-वानर को,

छोड़ गणना शुभ वारों की करें,

तो पाएंगे वानर प्रथम दविस से,

सुख-आँचल प्रकृति में फूले-फले।

वहीं नर अवसाद निज बुद्धि-देह संग,

पग-पग तब अश्रु बहाएगा,

अब सोचो क्या वो उस टापू भी,

सर्वश्रेष्ठ प्राणी कहलाएगा।

अंतर सरल सहयोग भाव का,

जो नर को श्रेष्ठ बनाते हैं,

अन्तर सरल वह कल्पना-शक्ति जो,

मानव को देव बनाते हौं

शुंडाकार-स्तम्भ से चंद्रयान तक,

सब इसी शक्ति के कारण हैं,

पर ध्यान रहे यह सूझ-बूझ ही,

वैर-रण, शत्रु का भी कारण हौ।

वैश्विक विचार विनिमिय बल पर,

अधिकार मानव कानून बने,

वही पहलू विनाश दुष्कर्म असत पर,

घृणा, द्वेष - ईर्षा का विष भी पले।

विनिती है दिव्य इस योनि से,

सत उपयोग विवेक कर देव बने,

ईश्वर न दिखे दृग धार करिये भी,

फिर अदृश्य बुद्धि पे क्यों अहम् करें।

-अनकिंत भट्टाचार्य

गुरु-शष्यि युगल

चले बनि खाके वश्वि राज जो,

सकिंदर महान उसे कहते हैं,

समझे इन्दुस ले पश्चमि गहू को,

जन मढ़ू को महान क्यों कहते हौं

संधि कर आम्भी से दानव ने,

पंडति वद्विानों को मारा था,

धन्य गुरु वह तक्षशलिा का,

चाणक्य ही मात्र सहारा था।

नन्द राज समीप गह्वार लिए,

हर छात्र शष्यि की पुकार लिए,

पहुंचा वह देव महल मगध के,

लौटे पर बनि सहयोग मगध सो

वापसी की पर इस यात्रा में,

इक बाल से उसकी भेंट हुई,

त्याग हर आशा सम्राटों से,

नव शिष्य से नव उम्मीद जगी।

वही पुरानी रण नीति जो,

हर इतिहास की पुस्तक कहती है,

पर गाथा सरिता इस दिव्य युगल की,

इक भिन्न धार में ही बहती है।

है खंड पवित्र इतिहास का जो,

इस राज स्थापना का सार कहे,

सम्राट भी अंत में संत बने जो,

उसे मौर्य राज हम महान कहें।

आग्रह है तुम सब मित्रों से,

अब इतिहास के उन खण्डों को पढ़ें,

जहाँ बोध-ज्ञान अग्रिम निज क्षण से,

हर चित से जो अज्ञान हरें।

- अनकित भट्टाचार्य

प्राचीन सखा

सखा पूरब क्या हुआ तुझे,

वैरी बन कष्ट क्यों दिया मुझे,

क्या भूल गया वह काल पवित्र,

धरती पर श्रेष्ठ हम ही थे मित्र।

संस्कृत कला के ताज थे हम,

दवि ज्ञान अखंड के राज थे हम।

विनिमय हर बोध का करते थे,

नफ़रत व रण से डरते थे।

तुर्कों - अंग्रेज़ों ने क्या मेरी,

पहचान रे इतनी छीनी है।

भूल हर बाधा अब पश्चिम की,

शत्रु परम अब चीनी है।

विनती करूँ तुझसे संगी,

इतिहास से पूर्व इतिहास को देख,

संग पुनः बने रे महान यूँ हम,

अब खड़ग कटार तू हाथ से फेंक।

-अनकित भट्टाचार्य

भाग्य विधाता

प्रारम्भ की परिभाषा क्या,

आ जान ले मेरे भारत से,

सब सक्षम किन्तु भटके नर,

आते हैं यहीं मेरे भारत में।

इस योग-भोग व् शुद्ध-अशुद्ध में,

भौतिक-अध्यात्म के द्वन्द युद्ध में,

जब जब भोगी हुंकारा है,

तब तब योगी भी जागा है।

पर दुर्भाग्य की निद्रा भंग हुई,

न जाने नियति किस रंग हुई,

प्रहार प्रथम न पराया था,

अपनों ने ही स्वांग रचाया था,

वर्णों को जाति का नाम दिया,

बेड़ी में वेदों को बांध दिया।

अब राज करे बस वही पुरुष,

जिसका न वंश अभागा है,

सोये विवेक मगज शैय्या पे,

अब वंश-वाद जो जागा है।

कोई न जाने जातिवाद ने,

कितने अश्रु बहाए हैं,

खंडित कर स्वयं की सभ्यता को,

परदेश प्रहारक बुलाये हैं।

कोई लूट गया इस दिव्य धारा को,

तो कोई यहाँ पे बसने आया था,

सदियों तक फिर न थमा पतन यह,

विकराल समय जो लाया था।

मानव के मानव शोषण की,

कह दे ये भूमि गाथा है,

देने को बस जब प्राण बचे,

युग भगत सुभाष का आता है।

हे वीरों तुम्हारे त्यागों को,

कर व्यर्थ नहीं न भुलाएगें,

आने वाली हर नसल को हम,

यह काव्य अवश्य सुनाएगें।

सदियों से पहुंची हानि का,

अनंत नयनों के पानी का,

अब न कोई उत्तरदायी है,

इन भक्तों ने प्रभु की भांति,

वषि धरा कंठ फसायी है।

अब इतिहास का न कोई भार सहे,

सरल आज भी अपना सार कहे।

ऐ मेरे वतन के नवयुवको,

संग मेरे तुम यह प्रण कर लो,

कभी न छोड़ें इस धरती को,

सब पुण्य यही करके मर लो |

-अनकिंत भट्टाचार्य

आलमगीर

शासक वह पौत्र था अकबर का,

लावण्य महल संगमरमर का,

ललित वस्त्र ज़ेवर नर्यिात करे,

जन-भारत की आय पर्याप्त करे।

शौहर म्मुताज़ का होने संग,

वालिद वह दो सहिों का था,

एक सहि था औरंग नर भक्षी तो,

दूजा सिद्ध-संत शकिोह भी था।

अब जान तू गाथा तख़्त-मोह की,

शत्रु निज भ्राता देश द्रोह की।

जो जन अबोध को कैद करे,

शासक उसे हम न कहते हैं,

शक्ति जिसिसे औरंग भी डरे,

उसे देव शविाजी कहते हैं।

सोचूं मैं बैठ इस बात को अक्सर,

भिन्न होती नियति यदि भारत की,

तख़्त औरंग स्थान शिकोह का होता,

तो गाथा ही अलग होती भारत की।

पर कहां रे नियति तूने भारत को,

मध्यकालीन के काल में बक्शा था,

सर काट के औरंग निज भ्राता का,

पितृ खुर्रम को कैद में रखा था।

स्मरण कर काल ये औरंग का,

आज भी यहां अश्रु बहते हैं,

राज लौकिक को ध्वस्त करे शरिया से,

उसको न महान हम कहते हैं।

इस पौत्र को देख तो अकबर भी,

अवश्य उदास होता होगा,

प्रभु आये न अब ये काल पुनः,

माँ भारत को कष्ट होता होगा।

-अनकिंत भट्टाचार्य

स्वार्थ

उत्तर दक्षिण के ध्रुवों नकिट,

जब वकिट हमि युग आया था,

तब मानव ने भूमध्य नकिट,

डेरा अपना ये जमाया था।

सुन्दर अफ़्रीका के उन वन में,

जल सूर्य के पालन पोषण से,

मानव तब सुख से रहता था,

ऋणी सदा प्रकृति का रहता था।

सरल निश्छल सुत देव का,

मानव था प्रतीक विवेक का।

पर सत कर्म की झोली विवेक की,

भला कभी अकेली आयी है,

झोली में भर दुष्कर्म भाव,

सग वघ्निों को भी लायी हो।

फिर धीरे-धीरे समय बिता,

इक मानव अपना छोड़ पिता,

ध्रुव दिशा पुनः प्रस्थान करे,

नव सभ्यता का निर्माण करो।

आरम्भ था औरक-इन्दुस से,

हाँ चीन में भी तब मानव थे,

फिर समय भव्य वषि धरी हुआ,

दुष्कर्मों का पलड़ा भारी हुआ।

अब थमे न तू किसी सत्य ढाल से,

मूरख करे युद्ध तू आदिकाल से,

रण कर-कर पापी खूब हँसा,

पश्चिमि में अब इक रोम बसा।

आरम्भ हुआ फिर अजब सफर,

जल तट भी अब न रोके डगर,

जब भी मानव घर छोड़ गया,

है अनंत हृदय वह तोड़ गया।

अब समय दुःखों का आया था,

पूर्वजों को ही बंदी बनाया था।

इस समय की अद्भुत महिमा ने,

हर क्षण नव गाथा गयी है,

इस नाट्य में जल वायु ने भी,

भूमिका अपनी क्या निभाई हो।

कोई श्वेत वर्ण कोई श्याम वर्ण,

कोई सुन्दर कोई असुंदर नर।

खुद को माने सभ नव्य दीप तू,

खा गया सकल इक महाद्वीप तू,

तभी करे जो भी इतिहास लिखिन,

कहे रवनि होए इस राज पतन।

अब धन्य है भाग विधाता का,

स्वतंत्र श्वास के दाता का,

जिसमें हमने अब जनम लिया,

मानवता ही का भजन किया।

अब क्या पूरब क्या पश्चिम है,

ध्रुव अभी भी उत्तर दक्षिण हो।

न जाने कब इस काल चक्र में,

हिम भांति अग्नि युग आएगा,

पग-पग तब ग्रीष्म पलायन कर,

डेरा नर ध्रुव में बसाएगा।

जान शून्य को भी तू न समझे है,

अंत क्या है क्या प्रारंभ है,

हे मानव अब तो मान ले,

है अंत वही जो आरम्भ है।

-अनंकित भट्टाचार्य

वश्विगुरु

जातिवाद न कारण है,

मेरे भारत की ग़रीबी का,

जो वेद जने दवि अर्थशास्त्र को,

कैसे बने कारण ग़रीबी का।

मैं मानूं अवश्य उस दुखद काल जो,

खण्डों में जनों को बांटे था,

संग भी मानूं उस अशुभ प्रथा जो,

वंश वाद फैलाये था।

पर न मानूं शिष्य-मार्क्स के तर्क जो,

कहे तू ही अभाव का कारण है,

कभी सोचा तब क्यों वश्विगुरु था,

जब जातिवाद ही कारण है

साधन धन के वह भन्नि धात् जो,

उपकरण फलदार का रूप धरे,

साधन धन की वह दिव्य उपज जो,

भारत की दिव माटी में उगो।

ऐसे ही अनेकों साधन थे,

जो मेरी धरा को धनी करें,

सोचो रे चेलो मार्क्स के तुम अब,

कौन थे जो धरा को धनी करो।

वह थे पूर्वज उन उच्च कुलों के,

निम्न जाति का जिनको नाम दे हम,

सेवा व् श्रम के प्रतीक बने जो,

क्या सच में विभाजन किये थे हम।

संस्कृति से जले जो भारत की,

परदेश प्रहारक उसे कहते हैं,

करे विभाजित जनों को खंड में,

कष्ट मेरे जन क्यों सहते हैं।

अब काल है मेरे भारत का,

जहाँ पुनः विश्वगुरु ताज सजे,

अब काल है मेरे सहियों का,

व्याध-कथित इतिहास अब हम न पढ़ें

-अंकित भट्टाचार्य

वषि-आशय

अणु-ज्ञान का प्रथम विकराल स्वरूप,

जब युद्ध द्वितीय में बरसा था,

भारत को तब वित्त दास समझ,

मूरख अंग्रेज़ भी तरसा था।

अब और न हो पाए मथिया - राज,

शष्टि - श्वेत मनुज के वेश तले,

कर त्याग शीघ्र हर धन - शक्ति,

टापू पश्चिमि में ही प्राण भले।

पर निकास मात्र ही यथेष्ट न था,

नव राज्य गण को बसाने में,

थी विविधि रयासित खड़ी अहम् में,

भिन्न स्वतंत्र खंड को बनाने में।

अब काल एकता वल्लभ का,

योग मिलाप व गणतंत्र का।

एकत्रति राज लहर के अंत में,

मूरख महान जो तीन बचे,

सिंह बाबी जाह थे नाम उनके,

सोचे वे नव इतिहास रचे।

अब देख तू महिमा सीमा की,

संपूर्ण अशांति के बीमा की।

बाबी व रयासत निज़ाम की,

सीमा के निकिट जो न रहती थी,

हिस्सा बन शांत अखंड भारत का,

मुश्किल तो रयासत सिंह की थी।

दशकों का अब सत-रंग भी मित्रों,

रण कर-कर के ही बीत गया,

आखिरि मूरख तू भारत छोड़ भी,

वषि-आशय लिए ही जीत गया।

-अनकित भट्टाचार्य

लखनऊ

श्री राम के प्रियतम अनुज का गढ़,

लखनपुर जिसको कहते हैं,

संग भी गढ़ है ये नवाबों का,

सब यहाँ पर मिलकर रहते हैं।

ग़ज़नी से लेकर मुगलों तक,

इक भिन्न-नृप काल जो आया था,

आखिर में अंत संग औरंग के,

सादत ने अवध को बसाया था।

अब काल था ठाट-नवाबों का,

कला-वास्तु, कवि व रागों का।

आसफ़ से लेकर वाजिद तक,

सब प्रेम छाप जो छोड़ गए,

लड़ें दो मजहब शेष जगत में,

पर यहाँ पर सबको जोड़ गए।

वविेकानंद

पवत्रि भारत की भूम िपर,

भन्नि ज्ञानी-वीरों के जन्म हुए,

उनमें ही थे इक दव्यि युवक जो,

जन को कर प्रेरति अमर बने।

बन प्रतीक आनंद वविेक अनंत,

एकाग्र चति स्थति शुन्य हुए,

धरे अनंत ज्ञान लघु से देह वह,

राजयोग मार्ग के मूल्य हुए।

दासता - अभाव देख भारत का,

इस युवक ने दृढ़ संकल्प कयिा,

बन भाग वश्वि धर्म-संसद का,

अज्ञ संसार को नव वकिल्प दयिा।

हर नर भ्राता सम्बोधति कर,

स्तुतगिर्जन न ठहरां था,

सोचे हर जन क्या मानव जो,

मन-कुंड सधि से भी गहरा था।

यद इनकी एकाग्रता का बदि मात्र भी,

जन भारत के चति में विराजेगा,

निद्रा चरिकाल निज भंग किए,

सौभाग्य काल का तब जागेगा।

-अनकित भट्टाचार्य

चोला

मौर्य, गुप्त व मुगलों के,

शासन का सार सब गाए हैं,

पर दक्षिण स्थित राज्य चोला का,

कभी ज़िक्र कहीं न आये हो।

नवी शताब्दी के दक्षिण में,

जब मदुरई-काँची में फूट बढ़ी,

उठा लाभ तब इस मौके का,

वजियालय ने इक नव कथा गढ़ी।

पल्ल्व-पंडयिन तब चोला के,

तंजावुर प्रधान में लीन हुए,

राजनीति पुनः स्थिर दक्षिण कर,

आंचल बढ़ मलय-प्रायद्वीप हुए।

राज राजा से लेकर राजेंद्र तक,

इस भव्य राज्य को बसाये थे,

ढक मार्ग समुद्री अरब से चीन तक,

बल आर्थिक वह जग में जमाये थे।

इस राज्य चोला को यूँ ही नहीं,

स्वर्णिम काल जन कहते हैं,

न और कोई है राज्य जगत में,

जो सदियों तक विद्यमान रहते हैं

सम्पदा कृषि से मंदिर वास्तु तक,

हर तथ्य इस राज्य का प्रभुत्व कहे,

यह देव समान भव्य गढ़ भारत का,

इतिहास न क्यों सम्मिलित करे।

जब तक इतिहास के पाठ्यक्रम,

बस देहली की ही गाथा गाएंगे,

तब तक भारत के इन दिव्य गोशों के,

सार लुप्त कहीं रह जाएंगे।

-अनकित भट्टाचार्य

टेस्ला

विनिमिय प्रकृति से प्राण वायु का,

सदियों से नति नर करता है,

सिद्धांत बने यह हर जीवन का,

जो जीवन से मरण तक चलता है।

ध्यान देन पर उस भेंट जिसे नर,

नींव शैली-रहन की बनाये है,

हर काज सरल जो सदियों से,

नर बल-देह से करते आये हैं।

यह भेंट अमृत उस बुद्धि-सिधि जो,

इन मगज में मथंन करते हैं,

प्रत्यावर्ती धार देवद्यित् को जो,

आगमन नवयुग का करते हैं।

चुम्बकीय पहल जब वद्यित् का,

खाये जग मगज को न खींचें था,

वहीं दृढ़ लोह सी इनकी चेतना से,
हर ज्ञान शतकों तक पीछे था।

प्रपात नयाग्रा देख इन्होंने,
दिव्य युक्ति मार्ग जो पाया था,

हर स्थान धन्य वह खोज जिसने,
प्रकाश अनंत फैलाया था।

पग अगर अब ऊर्जा विनिमय को,
विनिमय प्राण-वायु सा निपुण करें,

दीन प्रकृति न हीन तब नर हो,
मुक्त ऊर्जा के स्वप्न को पूर्ण करें।

-अंकित भट्टाचार्य

राम मोहन रॉय

जब धर्म सनातन अशष्टि हस्तों में,

तरिस्कृत पदवी में उजड़ा था,

तब धार किये ध्वज सत्य मार्ग का,

यह युवक सुधार को निकिला था।

सुन्दर वह दृश्य जब ब्राह्मण ही,

ब्राह्मणवाद की मैल को धोये हैं,

करे शुद्ध हर कण उस माटी जो,

अंधविश्वास का अनष्टि बीज बोये हौ।

विवाह-बाल हो या व्यर्थ प्रथा सती की,

सत तर्क के बल से ध्वस्त करे,

अद्वैत वेदांत से जनों के चिति से,

चिरिकाल बसा अज्ञान हरे।

स्थापति कर ब्राह्म समाज को उसने,

जन को दर्शन आधुनिकि दिया,

इस राजा की हर वाणी के कण ने,

पुनर्जागरण को ही निमंत्रित किया।

शैली जीवन को धर्म समझ जब,

भिन्न प्रभु मूरत सब बिखरे थे,

तब उपनिषद वेदांत की मधु-सुधा के,

याचक कुछ और ही निखरे थे।

इनके ही दिव्य विचारों पर,

नव हिन्द समाज की नींव जमे,

तात्विक गुण को तब अनुभव कर,

अधर्म रहित हर जीव बने।

-अंकित भट्टाचार्य

नायडू

कभी सोचूं पूर्वज भारत क्या,

सब मर्द ही बनकर आए थे,

बनि माता तो यह दानव भी न,

मानव बनकर यहाँ आए थे

योगदान हर देवी का,

हर सत्य-इतिहास में होता है,

फिर क्यों स्त्री-उल्लेख में,

पुरुषों तुम्हें कष्ट होता हौ

क्रूर समाज की हैवानयित अब,

कूच-दांडी में न तुझे रोकेगी,

अब शक्ति काल है नारी का,

हर बाधा अब नर्क ही भोगेगी।

सशक्तिकरण पर मिला नहीं था,

यह संविधान आसानी से,

अनंत देवियां छुपी हुई हैं,

इस संविधान को बनाने में

अब काल है हर मानव का जो,

संग्रह पुरालेख जीवंत करे,

अर्ध विश्व संरक्षक क्यों न,

भला अर्ध काव्य को पूर्ण करो

– अनंकित भट्टाचार्य

अहोम

गाथा हर इस भूमि के जन की,

पराजय का ही वर्णन करती है,

पर यह गाथा दवि अहोम राज्य की,

विवरण विपरीत ही करती है।

बर्मा से चलकर तीस्ता-दून तक,

यह सेना ईशान-कोण आयी थी,

भूयर-दमिासा को पराजति कर,

पूरण अंकुश अहोम ने जमाई थी।

पर तुरूक-अफ़ग़ानों का साम्राज्यवाद,

दिशा पूरब भी नेत्र गड़ाए था,

आखरि प्रभुत्व के आशय संग,

समधारा मेरण को जगाये था।

अब काल धरा के सधिों का,

अहम् मुगलों का व नष्ट करे,

पराजय-रस प्रथम को चखकर,

असरार संधि अहोम स्वतंत्र बनो।

फरि रणनीति तियारी कर,

मुगलों के वर्ष कुछ बीत गए,

पुनः चेष्टा प्रहार के संग,

इस बार मुगल पर जीत गए।

संधि तिहत मीर जुमला ने,

जय ध्वज से मुआवज़ा माँगा था,

जाहलि ने धन संग अहोम राज से,

राज पुत्री को हरम में भी माँगा था।

कुछ वर्ष उपरांत नृप चक्रध्वज ने,

धन देने से इंकार कयिा,

मूरख औरंग ने फरि फ़ौज जमा,

पुनः युद्ध हुंकार लिया।

सरायघाट अहोम की सेना ने,

छापेमार नीति का चयन किया,

मुगलों की बड़ी इस सेना ने,

चख हार पुनः निज दमन किया।

अंत में इटखुली के रण संघ,

पराजय मुगल स्वीकारे था,

पुनः कभी करे न प्रहार चेष्टा,

भय अहोम स्वप्न में भी ललकारे था।

गाथा सुन्दर इस वीर प्रान्त की,

इतिहास धुंध में क्यों गुम है,

पश्चिमि यदि सिंह मराठा थे,

तो पूरब भी साहसी अहोम हौ।

-अनंकित भट्टाचार्य

आर्य पुत्र

भाषायी तथ्य न प्रमाण हैं ठोस,

किसी सभ्यता के प्रारम्भ का,

भूतत्व शास्त्र दे सत्य-तथ्य अब,

सार्वकालिक संस्कृति के दिव्य-स्तंभ का।

फाड़ फेंक दे अब वह पुस्तक जो,

कहे कुछ श्रेष्ठ नर यहाँ आए थे,

कयि नष्ट सिंधि समुदायों को,

वह देव आर्यन कहलाये थे।

पराये मनुज लिखिति इतिहास लिए,

कब तक तू असत का घूंट पिए।

दशकों से कण भी पुरातत्व का,

आक्रमण आर्यन का न प्रमाण करे,

कब तक तू निज को नम्रि समझ,

जन पश्चिमि को नित्य प्रणाम करे।

ऋग्वेद से महाभारत तक तो,

सरी सरस्वती की पूर्ण चर्चा है,

खंडित न हुई सरी सभ्यता की,

भला सत्य स्वीकारने में क्या खर्चा है।

उपनिवेशी काल की अवधि में जो,

ऋषि जनों के मन में घोल गए,

है प्रवेश धन्य विज्ञान का जो,

इस सत्य के द्वार को खोल गए।

आगामी नस्ल अब वचन ये दो,

व्याध निमंत्रण न कभी दोगे तुम,

मति-मंद कह फिर राज करे जो,

आशीष पितर न भोगोगे तुम।

अनुसन्धान आनुवंशिक जारी है,

यह सदी पश्चिम पर भारी है।

जन अबोध को सभ्य-शिष्ट बनाने,

न था व न कभी आएगा,

इस सभ्यता को कोई पुनः कभी,

खंडित स्वार्थ न कर पाएगा।

भूतत्व-पुरातत्व के ज्ञानी जन,

करूँ विनती मैं पूरे नम्र भाव से,

भर पुस्तक सत्य इस दिव्य धरा का,

आश्रित पश्चिम न कोई हो स्वभाव से।

-अनकित भट्टाचार्य

3. वर्तमान

मानवता

अल्लाह में अब तू राम देख,

वेदों में समस्त कुरान देख,

नवयुग अग्नि में हाथ सेंक,

अब मुझमें बस इंसान देख।

इस धरती के सब धर्म ग्रन्थ,

एक ही तो पाठ पढ़ाते हैं,

एक दिन माया के सूक्ष्म कण,

महामाया में मिल जाते हैं।

जो खुद के पापों का नाश करे,

वही असल धर्म का रक्षक है,

जो अपने ही बंधु पे वार करे,

वह नर नहीं है वह भक्षक है।

पर कहा रे अंध नर मूरख तू अब,

बंधु में बंधु को पाएगा,

जब तक मानवता मृत होगी,

मन राज अधर्म चलाएगा।

इस काल को अब बदलाव दे,

अपने मन को ठहराव दे,

अब जान अस्तित्व के कारण को,

इस जीव शरीर के धारण को |

तब जाने तू ब्रह्माण्ड को जब,

तू जाने सह इंसान को रब,

तब निम्न क्या है क्या उत्तम है,

हर मानव युग पुरुषोत्तम है।

यह वचन मरे अति गहरे हैं,

देते यही धर्म को पहरे हैं,

सनातन का यूँ दमन न कर,

सद्धि पुरुषार्थ का भजन तू कर |

इस युग की है विपदा कम नही;

व्यर्थ घृणा में तेरी दम नहीं,

मुस्लिम स्वदेशी मेरा भाई है,

सरकार बहुत सी आयी है।

नफरत की अब इस ज्वाला को,

हम उर शीतल का जल देंगे,

हिन्द सन्धि-सन्धि तट वासी अब,

इस निर्बलता को बल देंगे।

-अनकित भट्टाचार्य

हिन्द गंगा

दूषित गंगा को तो देख अवश्य,

मानव क्रोधित होता होगा ,

पर सत्य तो हर दूषित कण का,

मानव योनि से ही नाता होगा।

कभी दोष दिया उस दिव्य स्रोत को,

गंगोत्री जिसे हम कहते हैं,

फिर क्यों दे दोष उस धर्म स्रोत को,

सनातन जिसे जन कहते हैं।

धारक दोषी वह धर्म ध्वजा का,

रण-घृणा से धर्म अशुद्ध करे,

परिहास करे जग मूरख प्रजा का,

जो ज्ञान त्याग बस युद्ध करो।

कोई राज नहीं गणराज्य यहाँ,

शासन सेवा को है बाध्य यहाँ

हक़ दे न किसी भी शासन को,

जो सरिता संग धर्म भी मलिन करे,

हक़ दे न किसी भी साधन को,

जो गंतव्य विनाश सत दमन करे|

यदि स्रोत दिशा प्रस्थान करे तो,

खुद को पुनः यहीं पाएंगे,

आयाम काल से पर बस जो,

विधि भौतिक से कहाँ उसे पाएंगे।

वह स्रोत आज भी जीवित है,

पर दृष्टि बिड़ी ही दूषित है|

अब पुनः सत्य ध्वज धार करे,

श्रम-प्रेम से दशा सुधार करो

-अनकिंत भट्टाचार्य

अध्यापक

आधुनिक काल के शिक्षक गण,

तनिक ध्यान दें इस वाणी पर क्षण,

आप ही तो ज्ञान के रक्षक हैं,

चति अंधकार के भक्षक हो।

महामारी के माह दहला के गए,

हर वर्ण अछूत बना के गए,

अनगनित यहाँ बीमार हुए,

कछु पर गहू को भी पार हुए।

इस दुःख सागर की सुनामी में,

इक अलग लहर सी आयी है,

यह लहर ही कारण है मैंने,

गुरुओं की सभा जो बुलाई हो।

भौतिक दूरी के कारण वश,

प्रौद्योगकि विधिनव आयी है,

गुरु शिष्य के संबंधों को इसने,

प्रचंड क्षति पहुंचाई हौ

यूँ तो संजय व् अंध नर ने,

दिव्य दृष्टि से गीता को जाना था,

पर कहाँ प्रभु उन्हें प्राप्त हुए,

सत शिष्य तो पार्थ दीवाना था।

अब विनती है मेरी सब गुरुओं से,

प्रभु अटल व्याप्त हैं गुरुओं में,

लाएं हम सब अब छात्र समीप,

तब पुन: ज्वलित हो ज्ञान दीप।

-अंकित भट्टाचार्य

भ्रष्ट

भ्रष्टाचार-मुक्त स्वप्न भारत का,

देख मन अतिहर्षित होता है,

पर समझ-समय बढ़ सत्य ये जाना,

खुद व्याध धरे मृग-मुखौटा हो

तलिक वजियी को धार करिे,

नेता गण सारे चुनाव लड़ें,

भीख मांग पूँजीपतियों से,

घर कतिने भूख तबाह करो

भर पूँजी धन जो राज करे,

धनवान को कसिने रोका है,

नेता बल धन पर नृत्य करे,

वह देश नहीं वह धोखा हो

अश्रु बहे बस निर्धन जन जो,

भ्रष्टाचार के वषि का शकिार बने,

अन्न-वस्त्र को तरसे आज भी जो जन,

पूंजीपति की नज़र में विकार बने।

प्रथा पूंजीवाद की जब तक,

भ्रष्टाचार पोषण न रोकेगी,

तब तक तकदीर जन भारत की,

जीवन सुख कभी न भोगेगी।

-अनंकित भट्टाचार्य

चुनौती

सकल घरेलू उत्पाद जहाँ,

हल बल को ऋण में डुबाये हैं,

वहीं बल आधिक्य संसाधन पर,

रूस भय विश्व में फैलाये हैं।

पर रण चेष्टा का सत कुछ और ही है,

आश्वस्त न तथ्य पर भय ही है।

यह भय जना उन मूर्खों ने,

जो शासक रूसी को घरे हैं,

व्यर्थ युद्ध बगिल से कान भरें,

तू सोचे वे शुभचिंतक तेरे हैं।

वह मूरख उन पछिड़े वर्गों के,

जो निरंकुश शासन को क्रांति कहें,

भरे तिजोरी रक्त नयन से,

खंडित चोटिल यह कुटुंब करें।

यदि शक्ति कठोर देह मांगे हैं,

वहीं नम्र भी धन का घटू पिए,

सत न तो धन न देह ये हैं,

फिर रहू क्यों इनका झूठ सहो

रजो - तमस का अहम् - अवद्या से,

मिश्रण कर रस तू बनाएगा,

तब तक न टलेगा युद्ध बगिल यह,

पीढ़ियों तक द्वेष फैलाएगा।

पर धन्य प्रभु जो करो सुनश्चिति,

तृतीय युद्ध कभी न आएगा,

यदि विपिरीत हुआ मेरी धारणा से तो,

इस भक्त को कभी न तू पाएगा।

-अनकित भट्टाचार्य

ऐक्य

गुरुत्वाकर्षण माया वाद का,

हर पर्वत निज ओर खींचें हैं,

संघर्ष अनंत विषाद का,

प्राण भूमि अश्रु से ही सींचे हैं।

कारण भिन्न अश्रु प्रवाह के जो,

काम-लोभ, अहम्-अवद्यिा हैं,

पर अश्रु सत्य तब बहे नयन से,

पाए जब सत्य क्या मथ्यिा है।

ध्यान दैव को फिर क्यों असत समझ,

मानव नित अश्रु बहाता है,

हर धन - वैभव को प्राप्त किये भी,

नित कतूरमि अभाव बढ़ाता है

दूषति चेतन गंगा समान,

परशिुद्ध शुद्धिजो मांगे हैं,

तभी करे त्याग है ध्यान का नर,

भय - लोभ हर सीमा लांघे हैं।

ब्रह्ममुहूर्त यदि जन भारत के,

नवीनतापूर्वक ध्यान करें,

शुद्ध चेतन ऐक्य को प्राप्त करें,

शेष अवधि दिवस की पूर्ण करें

-अनिकेत भट्टाचार्य

श्रम द्वन्द

बटा नहीं है टुकड़ों में,

अखंड समाज जन भारत का,

टुकड़े हैं बस दो जन श्रमिक के,

बौद्धिक तो दूजा भौतिक का।

संतुलन परिशुद्ध बुद्धि-देह का,

जब जन भारत में विराजेगा,

तब संतुलन भिन्न अर्थप्राप्ति में,

संघ - भारत में पूर्ण विराजेगा।

हर युवक नवल यदि भारत का,

बौद्धिक समान श्रम भौतिक करे,

तो दीन न हो कोई जन भारत का,

सेवा-समाज सब स्वतंत्र बनो।

होता नहीं तय भविष्य किसी,

परतरूप-इतिहास अन्वेषण से,

ऋतु भावी सचिं है श्रम सावन से,

जो तरु ससं्कार को पोषण दो।

-अनकित भट्टाचार्य

समय-सम्पदा

आर्थिक निर्णय इस धरती पर,

भय - लोभ आधार पर होते हैं,

अवधिशेष फिर जीवन के,

निर्णय सुधार में होते हैं।

सम्पदा प्रदर्शन प्रमाण नहीं,

धनवान किसी के होने का,

समृद्ध असल जो धनी समय से,

हो भय न समय को खोने का।

न कहूँ त्याग मोह संत बनो,

बस अनुभूति भाव को बदलना है,

वित्तीय स्वतंत्रता प्राप्त करें तब,

क्रय - समय सुमार्ग पर चलना है।

-अनिकेत भट्टाचार्य

The Beginning....

• 93 •